SCHLÖSSER UND PARKS
IM MÜHLENKREIS MINDEN-LÜBBECKE

Der Torturm von Gut Stockhausen in Lübbecke von der Hofseite aus gesehen.

SCHLÖSSER *und* PARKS

IM MÜHLENKREIS MINDEN-LÜBBECKE

Winfried Hedrich

Für Hildegard, Alexander, Zilli und Veit.

*Es gibt eine Tendenz zur Liebe des Schönen
und Geheimnisvollen, die uns hinführt
zum falschen Glauben,
dass alles, was weit entfernt ist,
besser sein muss als das Naheliegende.*
JOHN MUIR (1880)

IMPRESSUM

Sutton Verlag GmbH
Hochheimer Straße 59
99094 Erfurt
http://www.suttonverlag.de
Copyright © Sutton Verlag, 2009

ISBN: 978-3-86680-557-6

Druck: Druckhaus „Thomas Müntzer" | Bad Langensalza
Gestaltung und Herstellung: Markus Drapatz
Bild vorderer Buchdeckel: Wasserschloss Stockhausen
Bild hinterer Buchdeckel: Eingang zum Schloss Hüffe

INHALT

VORWORT	7
SCHLOSS HALDEM	13
STIFTSHÄUSER STEMWEDE-LEVERN	14
RITTERGUT CROLLAGE	16
KLEIN-ENGERSHAUSEN	22
RITTERGUT GROSS-ENGERSHAUSEN	24
WASSERBURG HOLLWINKEL	30
KURPARK BAD HOLZHAUSEN	40
SCHLOSS HÜFFE	44
BURGRUINE LIMBERG	56
ELLERBURG IN ESPELKAMP-FIESTEL	58
GUT BENKHAUSEN	61
BURGRUINE UND SCHLOSS RAHDEN, MUSEUMSHOF RAHDEN	65
GUT OBERNFELDE	68
GUT STOCKHAUSEN	74
GUT RENKHAUSEN	78
BURGMANNSHOF LÜBBECKE	84
VON OEYNHAUSENSCHER HOF	86

Inhalt

SCHLOSS OVELGÖNNE — 87

KURPARK BAD OEYNHAUSEN — 91

RITTERGUT HADDENHAUSEN — 95

BURGMANNSHOF HAUSBERGE IN PORTA WESTFALICA — 101

RITTERGUT EISBERGEN — 102

SCHLOSS PETERSHAGEN — 106

GUT NEUHOF — 114

BURG SCHLÜSSELBURG — 120

DANKSAGUNG — 126

INDEX — 127

VORWORT

Wer mit offenen Augen durch den Mühlenkreis wandert, findet eine Fülle von wunderbaren Herrenhäusern und Parks sowie malerischen Landschaftsgärten: Schloss Hüffe mit seinem denkmalgeschützten Park, das malerisch an der Weser gelegene Schloss Petershagen, Haus Crollage oder die Wasserburgen Haddenhausen, Ovelgönne, Hollwinkel und Stockhausen. Man könnte fortfahren mit dieser Aufzählung, wäre da nicht ein Problem: die Privatsphäre der Besitzer.

Der Leser möge sich nur in die Rolle des Eigentümers eines privat genutzten Anwesens versetzen, der im Vorgarten sitzt, durch den plötzlich Besucher laufen und Fragen nach seinen Vorfahren stellen. Andererseits könnte man argumentieren, dass alle diese Häuser unter Denkmalschutz stehen und demnach öffentlich zugänglich sein müssten.

So ist es aber nicht. Es gibt eben nicht nur öffentliche denkmalgeschützte Anlagen, sondern auch denkmalgeschützte privat genutzte Anwesen, die respektiert werden müssen. Das Interesse an diesen meist geschlossenen Anwesen ist jedoch sehr groß. Dieses Buch soll daher einen Blick hinter die Mauern ermöglichen. Es enthält Fotografien von fünfundzwanzig Schlössern und Parks, ergänzt Daten und Fakten aus der Geschichte und zum aktuellen Erscheinungsbild. Die Bilder sollen jedoch im Mittelpunkt stehen. Sie sind eine Bestandsaufnahme der Schlösser und Parks an der Schwelle des dritten Jahrtausends.

Die in diesem Buch enthaltenen Bilder sind ohne Ausnahme nach 1973 entstanden. In diesem Jahr führte mich mein Beruf nach Rahden in den Mühlenkreis.

Das Interesse an Schlössern verdanke ich meinem Geburtsort Berleburg, wo die Familie zu Sayn-Wittgenstein ein stattliches Schloss besitzt. Als Kinder sind wir über Mauern geklettert und durch Ritzen gekrochen, um in die geheimnisvollen Bereiche des Schlosses einzudringen. Die Neigung zur Fotografie verdanke ich meinem Vater, der als Fotograf ins Schloss gerufen wurde, um die fürstliche Familie abzulichten.

Meinen ersten Fotoapparat bekam ich mit 15 Jahren. Die Leidenschaft für gute Bilder wurde durch die Fotoliteratur meines Vaters und meine erste Leica – 1953 – geweckt. Die Namen berühmter Fotografen waren ein Begriff und ihre (Vor-)Bilder standen mir stets vor Augen. Seitdem sehe ich die Welt durch einen imaginären Sucher. Da ich weiß, dass es mehr verpasste Gelegenheiten als gute Bilder gibt, fürchte ich morgens beim ersten Blick durchs Fenster stets, ich könnte etwas versäumen.

Im Mühlenkreis gehen die Geschichte mit ihren Schlössern und die Natur mit ihren Parks eine glückliche Symbiose ein. Der Fotograf findet zu allen Jahreszeiten Motive in Hülle und Fülle. Das Archiv wächst ständig, bislang auf etwa 6.000 Diapositive und noch einmal so viele digitale Aufnahmen. Erste Erfolge mit diesen Fotografien verdanke ich meinen Freunden in Rahden, die mir Mut machten, mit meinen Bildern an die Öffentlichkeit zu gehen. 1992 erschien ein Kalender der Volksbank, dessen Bilder ich liefern durfte. 1997

Vorwort

Viele Parks erfreuen die Besucher mit ihrer Blütenpracht. Diese Klematis „Nelly Moser" findet man auf Gut Obernfelde.

Vorwort

kam die CD-Rom „Der Mühlenkreis" bei Franke Electronic Publishing, im Jahr 2000 das Buch „Die Westfälische Mühlenstraße" beim Mühlenverein Minden-Lübbecke heraus.

Mein Wunsch war darüber hinaus, einen Bildband zu schaffen, wie ihn der Heimatfreund und „Vater der Westfälischen Mühlenstraße", Wilhelm Brepohl, mehrfach herausgegeben hatte. Diese Bücher sind seit Jahren vergriffen und der Buchmarkt hat nichts Vergleichbares mehr zu bieten. Im Kreis sind zwar hin und wieder Bücher erschienen, an denen ich mit kleinen Beiträgen beteiligt war. Diese Veröffentlichungen entsprachen nicht so recht meiner Vorstellung wie ein von A bis Z selbst kreiertes Buchprojekt.

Den Weg zum Sutton Verlag fand ich durch Detlef Braun, für dessen Buch „Mit Wind und Wasser" ich die Bilder für das Kapitel „Die Westfälische Mühlenstraße" geliefert habe.

Ich hoffe, dass der Bildband über die Schlösser und Parks im Mühlenkreis die Lücke auf dem Buchmarkt füllen wird und damit einen heimatgeschichtlichen Beitrag leistet, der dem Thema gebührt.

Winfried Hedrich
im Herbst 2009

SCHLÖSSER *und* PARKS

IM MÜHLENKREIS MINDEN-LÜBBECKE

Zur Orientierung

Zur besseren Orientierung sind die Herrenhäuser und Parks in diesem Buch nach Ortschaften und von West nach Ost geordnet. Die Karte auf den Seiten 10 und 11 verdeutlicht die Anordnung in diesem Band.

Die heutige Nutzung der Schlösser stellt sich als eine breit gefächerte Skala dar, vom florierenden Hotelbetrieb bis zum nicht mehr zugänglichen Privathaus. Man findet gepflegte Häuser im Besitz der öffentlichen Hand ebenso wie baufällige, einsturzgefährdete Ruinen. Einige Häuser sind für die Öffentlichkeit bei kulturellen Veranstaltungen zugänglich, andere werden ausschließlich als Wohnraum genutzt. Um sich eine erste Übersicht zu verschaffen, sind die Schlösser und Herrensitze, ganz grob betrachtet, heute in vier Gruppen zu teilen:

1. Schlösser und Gebäude, die als Hotel, Heilanstalt, Altersruhesitz etc. von der öffentlichen Hand oder privat genutzt werden:
Schloss Petershagen; Gut Neuhof, Heimsen; Gut Benkhausen, Espelkamp-Fiesel; Schloss Rahden; Schloss Haldem.
2. Anlagen und Gebäude, die bei Konzerten, Ausstellungen oder ähnlichen Gelegenheiten zeitweise zugänglich sind:
Schloss Ovelgönne; Kurpark Bad Oeynhausen; Burgmannshof Lübbecke; Haus des Gastes, Bad Holzhausen, Preußisch Oldendorf; Schloss Hüffe, Lashorst, Preußisch Oldendorf; Wasserburg Hollwinkel, Preußisch Oldendorf-Hedem.
3. Anlagen und Gebäude, die von den Eigentümern privat bewohnt oder vermietet sind und deren Privatsphäre unbedingt respektiert werden sollte:
Rittergut Haddenhausen; Burg Schlüsselburg; Stiftshäuser Stemwede-Levern; Oeynhausenscher Hof in Hille; Gut Renkhausen, Lübbecke; Gut Obernfelde, Lübbecke; Gut Stockhausen, Lübbecke; Rittergut Eisbergen, Porta Westfalica; Rittergut Crollage, Preußisch Oldendorf; Rittergut Groß Engershausen, Preußisch Oldendorf; Klein Engershausen.
4. Gebäude und Ruinen, die einsturzgefährdet sind und aus Sicherheitsgründen nicht betreten werden dürfen:
Ellerburg, Espelkamp-Fiestel; Burgruine Rahden.

Wenn man diese Liste betrachtet, stellt man fest, dass die Hälfte der Anwesen unter die Gruppe drei fällt und demnach nicht frei zugänglich ist. Sicher ist es möglich, durch Kontaktaufnahme mit den Eigentümern eine Besichtigung zu vereinbaren. Bei manchen Häusern ist ein Besuch möglich, wenn sich eine Gruppe von ca. 20 Personen zu einer geführten Besichtigung anmeldet.

Etwas Grundsätzliches sei noch erwähnt: Schlösser im strengen Sinn gibt es nicht mehr im Kreis Minden-Lübbecke. Diese Bezeichnung kommt nur den Häusern zu, von denen einmal Regierungsgewalt ausging. Wenn dennoch das eine oder andere Anwesen heute im allgemeinen Sprachgebrauch Schloss genannt wird, ist dies alter Gewohnheit und dem Volksmund zu danken.

Schloss Haldem

Klinik für Suchtkranke

Das ehemalige Schloss Haldem in Stemwede ist ein altes Rittergut der Mindener Bischöfe und war bis 1830 eng mit der Familie von der Horst (Hollwinkel) verbunden. Heute befindet sich auf dem Gelände die LWL-Maßregelvollzugsklinik Schloss Haldem für suchtkranke Straftäter. Im barocken Schlossgebäude aus dem Jahre 1703 sind Funktionsräume der Klinik untergebracht.

Der ehemals ca. drei Hektar große Landschaftspark östlich des Schlosses wurde im Zweiten Weltkrieg und kurz danach fast völlig zerstört. Heute befindet sich hier ein Wäldchen aus meist jüngeren Laubbäumen mit Wegen und Bänken. Einzig erhaltene historische Elemente sind einige Altbäume wie eine Linde und eine Blutbuche sowie der große Teich. Die hügelartige Erhöhung im südöstlichen Bereich kann als Aussichts- oder Lindenhügel interpretiert werden.

In den gebäudenahen Bereichen liegen Grün- und Sportanlagen, die den Anforderungen eines Klinikbetriebs entsprechen. Eine Gärtnerei als Arbeits- und Beschäftigungstherapie der Klinik pflegt mit Mitarbeitern und Patienten das zehn Hektar große Gelände. Gemüse und Pflanzen werden in Gewächshäusern gezogen, jahreszeitlicher Pflanzendekor in der Gärtnerei hergestellt und sowohl für den Eigenbedarf genutzt als auch vertrieben.

Führungen durch den historischen Teil des Hauses und die heutige Klinik sind nach Anmeldung möglich. Tel.: 05474-69-1000, E-Mail: b.steinmeyer@wkp-lwl.org

(Der Text stammt aus der LWL-Broschüre „Herrenhäuser, Parks & Gärten im Mühlenkreis".)

Der Innenhof von Schloss Haldem.

Stiftshäuser Stemwede-Levern

FACHWERK-GEMÜTLICHKEIT RUND UM DIE STIFTSKIRCHE

Im Jahr 1227 gründete der Mindener Bischof Konrad I. von Rüdenburg das Zisterzienserinnenkloster in Levern. Sehr früh, vor 995, soll an diesem Platz schon eine Kirche gestanden haben. Nach der Reformation wurde das Kloster in ein Damenstift des evangelischen Adels umgewandelt. Die adeligen Damen lebten in eigenen Häusern, deren wesentliche Bausubstanz aus dem 17. und 18. Jahrhundert stammt. Die alten Fachwerkhäuser tragen zum Teil noch ihren Wappenschmuck über dem Portal und zeichnen sich durch äußerst solide Bauweise aus. Fenster und Türen wurden im Lauf der Jahre grundsätzlich nicht verändert.

Diese Stiftshäuser wurden bis ins 19. Jahrhundert als Pfarr- und Pfarrwitwenhäuser genutzt, eins dient heute als Fremdenverkehrsbüro. Sie prägen die Ortschaft Levern und haben nicht unwesentlich dazu beigetragen, dass Levern mehrmals mit dem Titel „Golddorf" ausgezeichnet wurde.

Die Bilder zeigen das sogenannte Pfarrwitwenhaus von 1748. Hier lebte die bekannte Kochbuchautorin Henriette Davidis von 1849 bis 1856.

Rittergut Crollage

FRÜHRENAISSANCE IM OBEREN AUETAL IM ORTSTEIL BAD HOLZHAUSEN
VON PREUSSISCH OLDENDORF

Das Gut Crollage ist ein altes Lehen des damaligen Klosters Herford. Als Rittergut wird es 1350 erstmals erwähnt. Der erste bekannte Eigentümer war der Ritter Berthold von Haren. Das Gebäude in seiner heutigen Form errichtete die Familie von Langen Anfang des 16. Jahrhunderts im Stil der Weserrenaissance. Ab 1623 wird die Familie von Ledebur als Besitzer genannt. Seit 1968 ist es Eigentum des Dipl.-Landwirts H. Rafflenbeul.

Von 1668 hat sich eine Inschrift im Wappenschmuck über dem Tor erhalten. Sie lautet:

> ANNO MDCLXVIII POS TERI TATI
> WO DER HERR NICHT DAS HAUS BEHÜTET, SO WACHET DER WÄCHTER
> UMSONST-PSALM CXXVII (127),
> DER HERR HAT SEINEN ENGELN BEFOHLEN ÜBER DIR
> DASS SIE DICH BEHÜTEN-PSALM XCI (91)
> GERHARD JAEN LEDEBUR CHURFÜRSTL.-BRANDENB. RAHT, CAMMERER
> UND DROST ZU PETERSHGEN. DES JOHANNITER ORDENS RITTER UND
> DESIGNIERTER COMMENDATOR ZU WERBEN. ERBHERR ZU DINCK- UND
> CROLLAGE

Das Anwesen mit seinen zahlreichen Nebengebäuden liegt landschaftlich sehr reizvoll im Tal der großen Aue, die hier noch als kleiner Mühlbach Richtung Osten fließt. Westlich des Gutsgeländes Richtung Börninghausen breitet sich ein weiter Wiesengrund aus. Von hier hat man einen wunderschönen Blick auf die Westseite des Hauses. Ein schöner Buchenwald liegt südlich des Hauptgeländes, er wird von der Eisenbahnlinie Herford–Lübbecke durchschnitten. Ein alter Wanderweg führt entlang des Gutsgeländes.

Das Gut wird heute noch landwirtschaftlich genutzt. Pferdezucht und Forstwirtschaft sind die Haupterwerbszweige. Eine große Pferdekoppel westlich des Waldgrundstücks wird von einer Pappelallee begrenzt. Ein Fischteich befindet sich südlich der Bahnlinie idyllisch im Wald. Weite Teile des Schlosses und der Nebengebäude werden bewohnt.

Rittergut Crollage

Jeden Herbst wird der Buchwald um Schloss Crollage zu einem einzigen Farbenrausch.

Der Innenhof von Schloss Crollage mit seinem prächtigen Wappenschmuck über dem Tor liegt direkt an der Aue.

Schloss Crollage im Ortsteil Bad Holzhausen von Preußisch Oldendorf

Rittergut Crollage

Idylle, wohin man schaut, selbst auf dem Baumstamm zeigt sich eine zierliche Frauengestalt.

Eines von vielen prächtigen Blumenbeeten rund um Schloss Crollage.

Das ehemalige Mühlengebäude von Schloss Crollage präsentiert sich heute in völlig renoviertem Zustand.

Klein-Engershausen

SCHMUCKES FACHWERKHAUS AUF EINER GRÄFTENINSEL

Das sehr schön anzusehende, einstöckige Fachwerkhaus mit dem roten Walmdach liegt auf einer Gräfteninsel am nördlichen Rand von Engershausen, einem Ortsteil von Preußisch Oldendorf. Die ersten Erwähnungen reichen bis ins Jahr 1491 zurück und werden mit dem Namen Johann von Sloer und seiner Gemahlin, geb. von Breneke, in Verbindung gebracht. Aus dieser Zeit ist keine Bausubstanz mehr vorhanden. Die Anlage einer kleinen Burg auf einer Gräfteninsel dürfte aber bis in jene Zeit zurückreichen.

Das heutige Haus stammt wohl aus der Mitte des 18. Jahrhunderts. 1755 starb Johann Jobst Ludwig Finke als Rentmeister und Herr auf Klein-Engershausen. Seine Frau Charlotte Margarethe Finke, geb. Niemann, starb 1794. Sie hatte mit ihren Kindern schon zu Lebzeiten einen – wie es damals hieß – „fideikommisarischen" Vertrag abgeschlossen, d.h. sie lebten auf dem Grundbesitz und durften über die Erträge verfügen. Die Familie Finke wird bis Mitte des 18. Jahrhunderts als Besitzer genannt. Klein-Engershausen ist heute Privatbesitz und nicht frei zugänglich.

Das schmucke Fachwerkhaus auf der Gräfteninsel erreicht man nur über eine solide Holzbrücke.

Klein-Engershausen ist ebenfalls von Wasser umgeben.

Rittergut Groß-Engershausen

ROMANTIK PUR IN PREUSSISCH OLDENDORF-ENGERSHAUSEN

Von 1491 bis etwa 1510 entstand das Rittergut Engershausen und war bis 1671 Gegenstand der Güterpolitik der Familie von Schloen. Nach Erlöschen der männlichen Linie entbrannte für mehrere Jahrzehnte ein Streit über die Lehnseigenschaften des Gutes, der schließlich durch ein „Machtwort" des preußischen Königs beendet wurde. Die Bauten aus dieser Zeit sind bis auf einige Fundamente längst verschwunden.

Mitte des 18. Jahrhunderts erwarb Gustav Friedrich von Berner das von Lehen befreite Gut und errichtete in den Jahren 1773 bis 1783 den in seiner Struktur noch heute bestehenden Gutshof. Als Beamter der Kasseler Landgrafen mit Dienstsitz in Rinteln hatte er Kontakt zum Hofarchitekten Simon Louis du Ry, der die Güter in Groß-Engershausen und Hüffe im Stil der damaligen Landsitzarchitektur entwarf.

1838 erwarb die Familie der Freiherren von Spiegel zu Desenberg-Rothenburg das Gut, das bis 1933, als Amalie Sophie Freiin Spiegel zu Desenberg verstarb, in ihrem Besitz blieb. Obwohl es kein Mannerbe war, ging es dann – entgegen der diesbezüglich in der NS-Zeit herrschenden Doktrin – in den Besitz der Familie der Freiherren Spiegel von und zu Peckelsheim über. Eine nicht unwesentliche Rolle dürfte dabei das Angebot des neuen Eigentümers an den Reichsarbeitsdienst gespielt haben, diesem das Gut zur Nutzung zu überlassen. Auf diese Weise entging es der drohenden Enteignung. Nach dem Zweiten Weltkrieg diente das Haus zunächst als Unterkunft für Flüchtlinge und als Berufsschule für Hauswirtschaft. Die Familie nahm es nur langsam, Raum für Raum, wieder in Besitz.

Das Gutshaus Groß-Engershausen liegt auf einer ca. 50 x 80 Meter großen Gräfteninsel. Über eine Bogenbrücke mit zwei stattlichen Torpfeilern erreicht man das 1783 fertiggestellte Gebäude. Der verputzte Fachwerkbau mit Walmdach und Erkern zeigt sich seit 1993 wieder als spätbarocker Landsitz in den kräftigen Farben der Erbauungszeit. Zahlreiche Nebengebäude gehören zum Gut. Das sogenannte Melkhaus in Ziegelbauweise diente viele Jahre als Stall für Kühe, Kälber und Pferde und als Wohnung für die Familie des Wirtschafters. Heute wohnen hier zwei Familien. Eine Durchfahrtsscheune von 1773 im Fachwerkstil beherbergt zwei Wohnungen und das Werkstattatelier einer Vergolderei. In der Remise sind Werkstatt und Lager eines Zimmereibetriebs sowie der Ausstellungsraum eines privaten Museums für Archäologie, Ornithologie und Geologie der Region untergebracht.

Und natürlich gibt es auch Schafe, eine Ziege und ein Pony, die in der kleinen Scheune an der Hofzufahrt „residieren". Umgeben wird das Gut von einem kleinen, der Öffentlichkeit zugänglichen Landschaftspark. Nördlich des Parks befinden sich im „Kleinen Bosquet" das Mausoleum der Familie von Spiegel sowie eine weitgehend zerstörte Pyramide, die dem ehemaligen Eigentümer von Berner als Grabkammer diente. Die Gutsanlage steht unter Denkmalschutz.

(Text: Carl-Maria Frhr. Spiegel von und zu Peckelsheim)

Rittergut Groß-Engershausen

Die Brückenzufahrt zum Gutshaus.

Dem Gutshaus gegenüber steht die Durchfahrtsscheune von 1773. Die goldene Kastanie gibt ihm im Herbstlicht einen würdigen Rahmen. Heute befinden sich im Gebäude ein Atelier für Vergoldung und zwei geräumige Wohnungen.

Das Rittergut Groß Engershausen in Preußisch Oldendorf.

Rittergut Groß-Engershausen

Herbstliche Melancholie – die Farben sind durch den leichten Morgennebel gedämpft.

Nicht in jedem Herbst färbt sich das Laub des wilden Weins so farbenprächtig wie im November 1999.

Rittergut Groß-Engershausen

Der Eingang zum Weinkeller ist ein besonders romantischer Winkel.

Nördlich des Herrenhauses liegt in einem kleinen Eichenhain das 1838 errichtete und in jüngster Zeit renovierte Mausoleum der Familie von Spiegel. Die benachbarte Pyramide des Erbauers von Berner ist stark verfallen.

Wasserburg Hollwinkel

STATTLICHE WASSERBURG IN PREUSSISCH OLDENDORF-HEDEM

Von der Hauptstraße Alswede–Lashorst führt kurz vor der Ortschaft Hedem eine breite Kastanienallee zum Gut Hollwinkel. Das Gebäude liegt auf einer Gräfteninsel. Der mächtige Wehrturm und die äußere Wehrmauer stammen aus dem 13. Jahrhundert. Anfang des 16. Jahrhunderts erfolgte ein grundlegender Umbau zu einer vierflügeligen Anlage.

Ursprünglich war Hollwinkel eine Grenzburg der Mindener Bischöfe. Die in Haldem ansässigen Freiherren von der Horst bestimmten ab dem 18. Jahrhundert das Geschehen. 1766 erwarb Julius August von der Horst, Finanzminister unter Friedrich dem Großen, das Anwesen und machte es ab 1830 zum neuen Stammsitz der Familie. In den folgenden Jahren wurde das Gebäude mehrmals umgebaut. Achthundert Jahre Baugeschichte haben ihre Spuren hinterlassen. So stellt sich das Haus heute als ein Konglomerat aus verschiedenen Baustilen dar.

Der weitläufige Park wurde im 19. Jahrhundert im Stil eines englischen Landschaftsparks angelegt. Die Gestaltung mit Wasser spielte dabei eine große Rolle. Vom Park aus führte eine Allee zum alten Gut Ellerburg. Hier liegt auch das Erbbegräbnis der Familie von der Horst. Seit den 1940er-Jahren zerschneidet der Mittellandkanal diese schöne alte Verbindung. Dennoch bietet der Park zahlreichen Wildtieren eine ungestörte Heimat. So findet der Eisvogel in der Wasseranlage eine sichere Brutstätte und ausreichend Nahrung.

Die Familie von der Horst wohnt heute noch auf dem Gut. Das Hauptgebäude wird als Wohnhaus genutzt, Räume stehen aber für Konzerte und Veranstaltungen kultureller Art zur Verfügung. Führungen mit maximal zwanzig Personen sind nach Anmeldung möglich.

Der Eingang zum runden Außentreppenturm des Hauptgebäudes.

Wasserburg Hollwinkel

Die Wasserlandschaft der malerischen Gräfte bietet zu allen Jahreszeiten schöne und romantische Ansichten, im beginnenden (oben) und im späten Herbst.

Schloss Hollwinkel in Preußisch Oldendorf-Hedem.

Die Kombination von Wasser, Landschaft und den sehr gut erhaltenen Gebäuden macht den besonderen Reiz von Hollwinkel aus.

Wasserburg Hollwinkel

An verschiedenen Stellen von Hollwinkel bilden die Wappen der Freiherren von der Horst einen sehr dekorativen Wandschmuck.

Wasserburg Hollwinkel

Die sehr großzügig angelegte Gräfte ist an der Nordseite zu einer großen Wasserlandschaft erweitert. Zahlreichen Wasservögeln und stattlichen Karpfen bietet sie einen üppigen Lebensraum.

Wasserburg Hollwinkel

An der Südostseite des Schlossgebäudes gibt es vier in die Wand eingelassene Epitaphe der Familie von der Horst mit lebensgroßen Relieffiguren. Zwei weitere Grabplatten befinden sich am runden Eckturm.

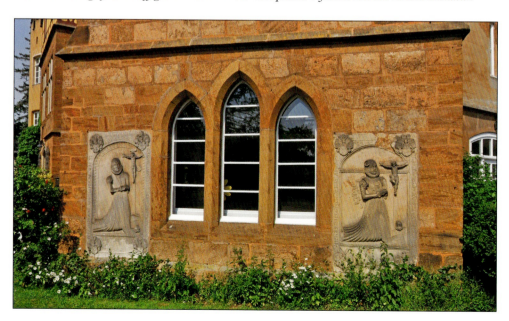

Wasserburg Hollwinkel

Hollwinkel wird heute fast vollständig als Wohnraum für Familien genutzt. Der Innenhof in Fachwerkbauweise mit Schnitzereien ist ein besonders gemütlicher Platz.

Kurpark Bad Holzhausen

HAUS DES GASTES IN PREUSSISCH OLDENDORF-BAD HOLZHAUSEN

Am westlichen Rand des Heilbades liegt der Kurpark von Bad Holzhausen. Im Zentrum des fünf Hektar großen Parks steht das ehemalige Herrenhaus des Rittergutes Holzhausen. In seiner heutigen Form wurde es 1558 erbaut, seit 1981 ist das Gut im Besitz der Stadt Preußisch Oldendorf. Zum Anwesen gehören verschiedene Nebengebäude und die bekannte Guts-Wassermühle Hudenbeck, die Teil der Westfälischen Mühlenstraße ist. Sie wird schon 1529 urkundlich erwähnt.

Die Mühle wurde bis 1958 betrieben, danach verfiel sie, wie so viele andere auch. 1977 übernahm die Stadt Preußisch Oldendorf die Mühle und integrierte sie nach einem Umbau als wieder voll funktionierende Mühle in den Kurparkbereich. 1985 durch einen Brand stark beschädigt, wurde sie ein Jahr später erneut repariert. Die Mühle ist Teil des Kurparks und von April bis Oktober jeden Sonntag geöffnet.

Der Park hat im Lauf der Zeit viele Veränderungen und Umbauten erfahren. Die Gräfte des Wasserschlosses wurde im 19. Jahrhundert bis auf einen winkelförmigen Rest, der heute wesentlicher Bestandteil des neu gestalteten Landschaftsparks ist, zugeschüttet. Über eine stilechte Holzbrücke führt ein Fußweg zum Haus des Gastes. Der Teich ist Heimat für viele teils exotische Wasservögel. Die Tiere werden zwar von der Kurverwaltung versorgt, suchen sich ihre Nahrung aber auch in der Natur. In den 1980er-Jahren wurde zwischen Kurpark und Sportgelände ein weitläufiges Feuchtbiotop mit Teichen angelegt, die den Lebensraum der Wasservögel wesentlich erweitern. Zum neu gestalteten Areal gehören der „Garten der Generationen", gepflegte Wege und gemütliche Ruheplätze sowie ein Feldschachspiel unter freiem Himmel.

Federvieh spielt im Kurpark eine große Rolle, die Hühner laufen frei herum.

Kurpark Bad Holzhausen

Die üppig blühende japanische Zierkirsche taucht die Rückseite des Herrenhauses des Rittergutes Holzhausen in ein Blütenmeer.

Die Wassermühle Hudenbeck ist ein attraktives Ausflugsziel der Westfälischen Mühlenstraße. Sie wurde 1885 erbaut und brannte hundert Jahre später ab. Heute erstrahlt das Fachwerkgebäude wieder in altem Glanz.

Im Kurpark von Bad Holzhausen.

Schloss Hüffe

KULTURHISTORISCHES KLEINOD MIT LANDSCHAFTSPARK
IN PREUSSISCH OLDENDORF-LASHORST

Die Anfänge von Schloss Hüffe reichen bis ins 13. Jahrhundert zurück. Ursprünglicher Eigner war von Schloen gen. Gehle. Erstmals erwähnt wurde es 1439. Zusammen mit Hollwinkel bildete es einen westlichen Posten des Bistums Minden. Die nicht genau definierte Grenze zwischen dem Fürstbistum Minden und der Grafschaft Ravensberg verläuft genau durch das Gut, manche sagen, sogar mitten durch die Gutsküche von Hüffe. Erbschafts- und Territorialstreitereien sollen die Gerichte bis ins 18. Jahrhundert beschäftigt haben.

Zu Beginn des 20. Jahrhunderts bestimmte die Familie von Vittinghoff-Schell die Geschicke des Herrensitzes. 1952 vermachte Elvire Freifrau von Vittinghoff gen. Schell ihr Vermögen mit Ausnahme des Schlosses selbst ihrem Sohn Hubertus. Sie hatte das Schloss allein durch die Kriegsjahre geführt und 1947 dem Deutschen Roten Kreuz geschenkt. Das DRK betrieb hier bis Ende der 1940er-Jahre ein Erholungsheim für Kriegsheimkehrer und danach ein Altenheim.

Ein Glücksfall war der Erwerb des Anwesens durch Dr. Hartmut Krukemeyer und Katharina Gräfin von Schwerin im Jahr 1977. Sie verfügten über die nötigen Mittel und konnten das Schloss und die Nebengebäude komplett restaurieren. Das heutige Erscheinungsbild von Schloss Hüffe ist allein ihren Bemühungen um historische und architektonische Klarheit und Originalität zu verdanken.

Schloss Hüffe ist ein Meisterwerk spätbarock-klassizistischer Baukunst des Kasseler Oberbaudirektors Simon Louis du Ry, erbaut 1773 bis 1782 für den hessischen Generalleutnant Friedrich Christian Arnold von Jungkenn, gen. Münzer von Mohrenstamm. Das Herrenhaus steht auf einer rechteckigen Gräfteninsel. Der siebenachsige Mittelbau ist mit zwei fünfachsigen Flügelbauten durch niedrigere gebogene Galerien verbunden. Die zurückhaltende Gestaltung des Äußeren steht im Gegensatz zum reich verzierten Innenausbau. Besonders hervorzuheben ist der stark mit Stuck verzierte Spiegelsaal.

Den Park ließ der Kasseler Hofgärtner Pierre Bourgignon 1775 ursprünglich als Barockgarten anlegen. Um 1784, noch vor Fertigstellung der Gesamtanlage, wurde er, dem gewandelten Stilempfinden entsprechend, in einen Landschaftsgarten nach englischem Muster umgestaltet. Die lang gestreckte Parkanlage gibt durch eine in südöstlicher Richtung verlaufende breite Sichtachse den Blick auf das Wiehengebirge frei. Der Park ist heute geschützter Landschaftsbestandteil, in dem zahlreiche alte Bäume, vor allem Eichen und Buchen, wachsen. Besucher haben freien Zugang.

Auf einer Insel im Parkgewässer befindet sich der private Friedhof der ehemaligen Schlossherren. Mitglieder der Familien von Vely-Jungkenn, von Vittinghoff-Schell und Prof. Dr. Hartmut F.W. Krukemeyer haben hier ihre letzte Ruhe gefunden.

Ein klarer Frühlingstag auf Schloss Hüffe.

Schloss Hüffe

Schloss Hüffe

Die Aufnahme zeigt Schloss Hüffe in seiner ganzen Schönheit mit geöffneten Fensterläden. Es ist ein besonderes Bild, weil die Läden nur für diese Aufnahme geöffnet wurden. Sie bleiben meistens geschlossen, da sich im Innern des Gebäudes wertvolle Gobelins befinden, die vor Sonneneinstrahlung geschützt werden müssen.

Eine seltene Ansicht von Schloss Hüffe, das sich im Wasser der Gräfte spiegelt.

Schloss Hüffe

Neben dem Eingang zum Schloss, der hier den Blick freigibt auf den herrlichen Park, befindet sich eine Gedenktafel für den Priester Wilhelm Hohoff, der von 1871 bis 1886 auf Schloss Hüffe lebte.

Schloss Hüffe

Der Park von Schloss Hüffe wird am westlichen Rand von einem kleinen Bach durchzogen, der zu einem Teich aufgestaut ist. Hier befindet sich eine Gräfteninsel mit dem Familien-Friedhof. Mitglieder der ehemaligen und gegenwärtigen Besitzer-Familien haben hier ihre letzte Ruhestätte gefunden.

Schloss Hüffe

Zum Schloss gehören zahlreiche Nebengebäude. Besonders eindrucksvoll sind die in den letzten Jahren restaurierten ehemaligen Stallgebäude im Fachwerkstil. Im mittleren Teil des oben abgebildeten Gebäudekomplexes befinden sich Räume, die speziell Gemäldeausstellungen einen sehr repräsentativen Rahmen geben.

Schloss Hüffe

Eine Luftaufnahme der Gräfteninsel mit den Nebengebäuden. Rechts erkennt man die Stallgebäude mit dem Ausstellungsraum.

Ein Einspänner fuhr hier als sehr willkommene, stilechte Staffage ins Bild.

Schloss Hüffe

Ein wahre Augenweide waren die historischen Kostüme. Mit etwas Fantasie glaubte man, dem legendären „Münzer von Mohrenstamm" und Erbauer des Schlosses Hüffe zu begegnen.

Mitglieder des „Pannonia Orchesters" in historischen Kostümen sorgten für die musikalische Unterhaltung.

Der „Alte Fritz" kommt! Statisten bildeten ein Spalier für den Darsteller Rolf Zahren und die Besucher waren aufgerufen, es ihnen gleich zu tun. Halb belustigt, halb ernst kamen sie der Aufforderung nach.

Schloss Hüffe

Auf Schloss Hüffe haben schon zahlreiche Veranstaltungen stattgefunden. Unzweifelhaft ein Höhepunkt war die Abschlussveranstaltung „Festival der Sinne" des LandArt-Festivals im August 2002 (oben). Schausteller und Händler sorgten tagsüber für ein buntes Treiben, wie das Mitglied der Gruppe „Traumtänzer" (rechts). Neben der lokalen Gastronomie sorgten die Landfrauen für das leibliche Wohl der Festivalbesucher.

Burgruine Limberg

BEGEHBARE RUINE MIT STARKEM HISTORISCHEM HINTERGRUND
IN PREUSSISCH OLDENDORF

Die Burgruine Limberg liegt auf dem 190 Meter hohen Limberg nördlich des Eggetals, etwa in der Mitte zwischen Preußisch Oldendorf und Bad Holzhausen. Von der ursprünglichen Burg sind nur der zwölf Meter hohe Bergfried und einige Mauerreste erhalten geblieben. Dass der Turm heute begehbar ist, verdankt er dem in den 1980er-Jahren gegründeten Verein zur Erhaltung der Burgruine Limberg e.V., der den arg herunter gekommenen Turm 1989 restaurierte.

Natürlich hat die Burg Limberg eine lange, wechselvolle Geschichte. Im 13. Jahrhundert gründete der Bischof von Minden die Festung Limberg an strategisch wichtiger Stelle an der Grenze der Bistümer Minden und Osnabrück. Schon früher stand an diesem wichtigen Punkt eine Wehranlage, in der sich auch Herzog Widukind aufgehalten haben soll. Die Burg wechselte mehrmals den Besitzer. Sie ging um 1300 als Lehen in den Besitz der Grafen von Ravensburg über. Aus dieser Zeit stammt auch die erste urkundliche Erwähnung.

Mit dem Ende des letzten Ravensburger Grafen Bernhard fiel die Burg an den späteren Herzog von Jülich und Berg. Ab 1614 war der Kurfürst von Brandenburg der Besitzer, der ab 1647 hier eine kleine Mannschaft stationierte, die die Sicherheit des Gebiets garantieren sollte. 1662 wurde die Besatzung auf die Sparrenburg bei Bielefeld verlegt. Damit endete die militärisch-strategische Nutzung von Burg Limberg. In der Folgezeit waren hier, unabhängig davon, wer gerade regierte, Verwaltungsleute, Amtmänner und Droste eingesetzt. Die Burg verfiel jedoch weiter. Gegen Ende des 17. Jahrhunderts wurde die Amtsstube nach Börninghausen verlegt, das Gefängnis blieb auf der Burg. Das Amt Limberg wurde während der „Franzosenzeit" in den Jahren 1807 bis 1813 aufgelöst und der Mairie Holzhausen zugeschlagen. Am Ende der napoleonischen Ära wurden neue preußische Verwaltungsbereiche geschaffen, damit gehörte der Limberg zum neuen Kreis Rahden.

Der Turm der Ruine Limberg ist heute frei zugänglich. Eine Besonderheit ist der in jedem Frühling blühende weiße und rote Lerchensporn (corydalis solida und corydalis cava), der weite Teile des Waldbodens rund um den Limberg bedeckt.

Ellerburg in Espelkamp-Fiestel

SIC TRANSIT GLORIA MUNDI

Von der Hauptstraße führt ein schmaler Weg durch einen verwilderten Garten mit sehr altem Baumbestand zu der ehemaligen Wasserburg. Das alte Gebäude liegt östlich des Flussbetts der Großen Aue, etwa dort, wo die Flöthe in die Aue mündet. Vor der Flussregulierung lag das Flussbett etwa drei Meter höher und die Burg war von insgesamt drei Gräften umgeben. Die Hausgräfte umschloss den Kern der Ellerburg. Die mittlere Hofgräfte sicherte das Glacis sowie die umliegenden Hofgebäude und die äußere sogenannte Wirtschaftshofgräfte reichte bis an das Mühlengelände. Das Grabensystem diente als Wasserrückhaltebecken für die Mühle. Am Rand des Mühlengeländes befand sich ein weiterer Teich, der das Reservoir ergänzte. Durch die Regulierung der Aue 1957 ist der Wasserzufluss gestoppt. Die Gräften und der Mühlenteich wurden mit dem Aushub der Aue zugeschüttet. Die Trockenlegung trug auch wesentlich zum Verfall der Holzfundamente der Häuser bei.

Die Ellerburg hat eine lange Geschichte. Als Gut wurde sie 1475 erstmals erwähnt. Damaliger Besitzer war Hardecke von Münch. 1510 wurde das Gut unter den Söhnen aufgeteilt, wodurch das neue Gut Benkhausen entstand. 1633, im Dreißigjährigen Krieg, kämpften kaiserliche und schwedische Truppen auf der benachbarten Walstatt um die Ellerburg.

Die heutigen Gebäude stammen aus dem 18. Jahrhundert. Der preußische Offizier F.W. von Ripperda ließ die älteren Gebäude restaurieren. Ab 1825 war die Ellerburg im Besitz der Familie von der Horst. Adolf von der Horst, Landrat des Kreises Lübbecke, übte von hier mehr als dreißig Jahre sein Amt aus. Im Jahr 2004 ging die seit 1986 denkmalgeschützte Ellerburg in den Besitz der Stadt Espelkamp über. Der Zugang zu den baufälligen Gebäuden ist heute gesperrt, der Park ist verwildert. Überlegungen, die Gebäude zu sanieren, scheiterten 1997 an einem Bürgerentscheid. Die Stadt Espelkamp prüft derzeit verschiedene Rückbauszenarien bzw. Nutzungsmöglichkeiten des Areals. Ob stattdessen ein vermögender Mäzen die Ellerburg aus dem Dornröschenschlaf wecken wird?

Die meisten Gebäude der Ellerburg sind stark verfallen, da sie seit vielen Jahren nicht genutzt werden.

Ellerburg in Espelkamp-Fiestel

Die Gebäude der Ellerburg sind stark einsturzgefährdet und müssten aufwendig gesichert werden. Das gesamte Gelände ist abgesperrt. Interessierte Betrachter können aus sicherer Warte das Gelände einsehen.

Ellerburg in Espelkamp-Fiestel

Ein Verein der Gartenfreunde hat sich des verwilderten Gartens der Ellerburg angenommen und diese Schutzhütte gebaut.

Eine Tafel am Mühlenhaus von 1869 erinnert an die ehemaligen Besitzer.

Bis 1957 führte die Hauptstraße über diese Bogenbrücke, die das alte Bachbett der Großen Aue überspannt. Im Hintergrund steht die alte Ellerburger Mühle.

Gut Benkhausen

WOHNSTÄTTE FÜR MENSCHEN MIT UNTERSTÜTZUNGSBEDARF IN ESPELKAMP-FIESTEL

Benkhausen ist ein ehemaliges Rittergut. Es entstand 1510 durch die Aufteilung des Ellerburger Gutes zwischen den Erben der Familie von Münch. Das stattliche Herrenhaus stammt in seiner heutigen Form aus dem 17. Jahrhundert. Es wurde in den Jahren 1657 bis 1663 erbaut und 1899 umgebaut. Philip von Münch vererbte das Gut 1773 an die Familie von dem Bussche. Georg Karl Franz Freiherr von dem Bussche gen. von Münch führte von hier aus die Geschäfte als Landrat des Kreises Rahden.

Ein stattliches Tor führt zum Innenhof, der von mehreren einzelnen Nebengebäuden umgeben ist. Ursprünglich befand sich der Gesamtkomplex auf einer Gräfteninsel. Durch den Straßenbau wurde der westliche Teil der Gräfte zugeschüttet, sodass heute noch etwa zwei Drittel davon vorhanden sind. Auf dem Grundbesitz entstanden in den 1930er-Jahren Munitionsfabriken und Munitionslager und nach dem Krieg die Stadt Espelkamp. In der Nachkriegszeit hatten britische Truppen das Schloss beschlagnahmt.

Das Herrenhaus bildet heute den Mittelpunkt der Anlage. Es wurde von 1965 bis 2009 von der Diakonischen Stiftung Wittekindshof als Wohnstätte für Menschen mit Unterstützungsbedarf genutzt. Derzeit wird nach einer neuen Nutzungsperspektive für das Haus gesucht. Hervorzuheben ist die Lage des Herrenhauses in der Landschaft. Südlich des Geländes befindet sich auf einem kleinen Hügel das Erbbegräbnis der Familie v. d. Bussche-Münch. Im Norden begrenzt ein stattlicher Buchenwald das Areal. Vom Hauptgebäude führt eine Brücke in einen Park mit seltenen Bäumen. Besonders interessant ist die Schlitzblättrige Buche (Fagus silvatica asplenifolia), die zunächst wie ein eigener kleiner Wald erscheint, sich aber als ein einzelner Baum herausstellt. Eine stattliche Blutbuche und eine Holland-Linde stehen im nordöstlichen Teil des Parks. Breite Sichtachsen durchziehen den Park in verschiedenen Richtungen, außerdem gibt es einen Tennisplatz. Im Nordwesten des weitläufigen Geländes befindet sich die Gärtnerei mit Gewächshäusern und dem Blumengarten der Diakonischen Einrichtung.

Zum Gut Benkhausen gehört eine weitläufige Parklandschaft mit altem Baumbestand.

Gut Benkhausen in Espelkamp-Fiestel ist heute im Besitz der Diakonischen Stiftung Wittekindshof. Es wird zum Teil als Wohn- und Arbeitsstätte für Menschen mit Behinderung genutzt.

Gut Benkhausen

Der Park von Schloss Benkhausen bietet weite Sichtflächen mit stattlichem Bestand an alten Bäumen. Das kleine Bild zeigt den Fruchtstand der Schlitzblättrigen Buche mit Blattwerk.

Besonders die Gartenlandschaft ist im Sommer eine Augenweide für Gartenfreunde.

Burgruine und Schloss Rahden, Museumshof Rahden

EHEMALIGE GRENZBEFESTIGUNG DER MINDENER BISCHÖFE

Auf dem Areal der ehemaligen Landesburg der Mindener Bischöfe befinden sich heute die baufällige Burgruine, das Altenheim „Schloss Rahden" und der weithin bekannte Museumshof.

Die Burgruine ist ein Gebäuderest der Grenzbefestigungsanlage der Mindener Bischöfe aus dem 14. Jahrhundert. Der gesamte Komplex war ursprünglich wesentlich größer, wie Archäologen feststellen konnten. Die Burgruine ist heute ein eingezäunter und gesicherter Teil der gesamten Anlage.

Das Schloss Rahden wurde 1880 vom Gutsbesitzer Adalbert Bock erbaut. Um 1960 wurde es in das gegenwärtige Senioren-Wohnheim „Schloss Rahden" umgewandelt. Mehrere, teils noch unfertige Erweiterungsbauten, separate Neubauten und ein Parkplatz geben dem Altenheim sein heutiges Aussehen. Ein parkähnliches Gelände mit altem Baumbestand und ein Fischteich gehören ebenfalls dazu.

Der Museumshof stellt eine für das Rahdener Land vor 200 Jahren typische Hofanlage dar. Einer der Hauptinitiatoren und langjähriger Chef des Museumshofs war Heinrich Kottenbrink, der für seine Aktivitäten das Bundesverdienstkreuz erhielt. Die einzelnen Gebäude sind aus den Ortschaften der näheren Umgebung zusammengetragen und hier liebevoll rekonstruiert worden. Es sind ein Zweiständer-Bauernhaus von 1869, ein Speicher, ein Backhaus, ein Immenstand, eine Scheune, ein Schafstall, ein Ziehbrunnen, eine Rossmühle, Nebenwerkstätten wie Schmiede, Holzschuhmacherei, Böttcherei und Stell-

Der Museumshof Rahden ist landauf, landab bekannt.

Burgruine und Schloss Rahden, Museumshof Rahden

macherei zu besichtigen. An den beliebten Mahl- und Backtagen steht die Rossmühle im Mittelpunkt. Das An- und Ausspannen der Pferde ist besonders für Kinder ein Schauspiel. Und im alten Backhaus bekommt man frisch gebackenes Brot und Plattenkuchen. Im Beiprogramm werden den Besuchern alte bäuerliche Tätigkeiten wie Riffeln, Flachsbearbeitung, Leinenweben, Korbflechten und Besenbinden vorgeführt. Besonders schön ist der Bauerngarten mit Nutz- und Zierpflanzen, der von schwarz-weißen Fachwerkgebäuden umrahmt wird. Zum Garten gehören auch die Bleichwiese und der Röteteich. Besonderer Beliebtheit erfreuen sich die Aktionstage: Schlachtefest mit Wurstmachen, Waschtag mit Bleichen, Imkern und Blaudrucken werden veranstaltet. Auf Anmeldung werden für Besuchergruppen und Schulklassen museumspädagogische Aktivitäten angeboten.

Zur näheren Umgebung des Museumshofgeländes gehören ein Gasthaus mit Biergarten, Kinderspielplatz, das Gelände des Kleinendorfer Schützenvereins mit Vereinslokal sowie Parkplätze.

Schloss Rahden ist heute ein Seniorenruhesitz.

Burgruine und Schloss Rahden, Museumshof Rahden

Heute eine Ruine, war die Burg Rahden einst eine wichtige Grenzbefestigung.

Gut Obernfelde

STATTLICHER LANDSITZ IN LÜBBECKE-OBERMEHNEN

Das Gut Obernfelde liegt südwestlich des Lübbecker Stadtgebiets in einer Senke am Nordhang des Wiehengebirges. Ein kleiner Bach durchzieht den talartigen Einschnitt und ist oberhalb des Gutshofs zu einem Teich angestaut. Einst wurde mit dem Wasser die kleine Gutswassermühle betrieben.

Als Rittergut wird Obernfelde erstmals um 1540 genannt. Um 1730 kam es in den Besitz der Familie von Korff, aus der mehrere Mindener Landräte hervorgingen. Anfang des 19. Jahrhunderts wechselte das Gut in den Besitz von Carl Freiherr von der Recke. Die Nachfahren sind bis auf den heutigen Tag Herren auf Obernfelde.

Die beiden Hauptgebäude sind parallel zueinander angelegt. Sie schließen mit dem zum Berg hin vorgelagerten ehemaligen Pferdestall, der zum Wohnhaus umgebaut wurde, einen lang gestreckten, fast geschlossenen Innenhof ein. Ein Kleinod besonderer Art ist die Gartenanlage östlich des Gutsgeländes, in dem sich das im Stil von Karl Friedrich Schinkel 1824 als Altenteil erbaute sogenannte Ministerhaus befindet. Heute wird das schmucke Gebäude von der Familie von der Recke jun. bewohnt.

Zum Areal gehören noch die in den 1820er-Jahren erbaute Orangerie und das Mühlengebäude. Im Zweiten Weltkrieg diente die um 1980 zum Wohnhaus umgebaute Orangerie als Gefangenenlager. Die Mühle war bis in die 1950er-Jahre in Betrieb.

Der große barocke Park wurde Anfang des 19. Jahrhunderts in einen englischen Landschaftspark umgewandelt, der damaligen Mode entsprechend. Beherrschendes Element sind die großen Rasenflächen mit den üppigen Blumenbeeten. Dazwischen stehen Blutbuchen, Esskastanien, schlitzblättrige Buchen und diverse Sträucher. Eine Buchsbaumlaube sowie eine Sonnenuhr runden das Bild des Herrengartens ab. Hinter der Orangerie setzt sich der Park fort und zeichnet sich durch einen interessanten alten Baumbestand aus. Zum Gut gehören Land- und Forstwirtschaft. Die dazugehörigen Häuser sind, soweit nicht selbst genutzt, vermietet. Der gesamte Park und die Gärten werden nur im Ausnahmefall der Öffentlichkeit zugänglich gemacht.

Die beiden Hauptgebäude von Gut Obernfelde.

Gut Obernfelde

Der gepflegte Garten bietet besonders im Frühsommer dem Auge des Gartenfreundes eindrucksvolle Bilder.

Nicht minder sehenswert sind die Farben, die der Herbst im kleinen abgeschlossenen Garten um das Ministerhaus hervorzaubert.

Gut Obernfelde vom Garten aus gesehen.

Gut Obernfelde

Die Gartenseite des Gutshauses mit seinen schmucken Fenstern, dem Spalier von gelben Rosen, passend zur Farbe von Wänden und Fensterläden ist nicht allgemein zugänglich.

Die Zufahrt zur Orangerie.

Die ehemalige Wassermühle.

Gut Obernfelde

Das sogenannte Ministerhaus im klassizistischen Stil Karl Friedrich Schinkels ist heute Wohnhaus für die Familie des Gutsbesitzers.

Das Ministerhaus ist zu allen Jahreszeiten eine Augenweide.

Die malerische Gartenseite der Orangerie.

Gut Stockhausen

KLASSISCHE WASSERBURG IN LÜBBECKE-STOCKHAUSEN

Das Gut Stockhausen ist eine klassische Wasserburg und liegt am westlichen Rand der Ortschaft Stockhausen, einem Ortsteil von Lübbecke. Die gesamte Anlage ist von einer Gräfte umgeben und umfasst die Elemente einer klassischen Burg, wie Torturm mit Glockenaufsatz, Umgebungsmauer, Herrenhaus, Kutscherhaus, Ställe und Nebengebäude sowie einen Taubenturm. Der Taubenturm ist Symbol für einen Ort, der in der Vergangenheit einmal Gerichtssitz war.

Das Alter der Burg ist nicht genau bekannt, aber ihre Anfänge reichen bis ins 14. Jahrhundert zurück. Zu dieser Zeit war die Burg im Besitz der Familie Kyllfois, danach kam sie an die Ritter von Westorpe. Anna Margaretha von Westorpe brachte die Burg dann in die Ehe mit Dietrich von der Recke ein. Erst 1979 verkaufte die Familie von der Recke die Burg an Hans Werner Schürmann. Er ließ die heruntergekommenen Gebäude gründlich instand setzen.

Das Herrenhaus ist zweigeschossig und hat an der Südostseite einen quadratischen Eckturm. Eine Freitreppe führt auf der Hofseite zum Portal, über dem ein Wappenstein angebracht ist. Auf der Tafel über dem Eingang ist die Jahreszahl 1699 zu lesen, dabei handelt es sich wahrscheinlich um das Baujahr. Das Torhaus stammt aus dem Jahr 1672. Es ist zweigeschossig mit einem Unterbau aus Bruchsteinen und einem Obergeschoss aus Fachwerk mit Ziegelausmauerung. Ein Satteldach trägt einen kleinen, offenen Glockenturm mit Wetterfahne. Betritt man das Torhaus, fällt das aus der damaligen Zeit erhaltene Feldsteinpflaster auf.

Vielleicht gehörte zu der Gesamtanlage ein Barockgarten, es ist aber bis auf eine Kastanienallee nichts davon erhalten. Die Allee kreuzt die Fahrstraße und führt zu einem nördlich gelegenen Friedhof, der Erbbegräbnisstätte der Familie von der Recke, die gegen Ende des 18. Jahrhunderts angelegt wurde. Das Gut Stockhausen ist heute im Eigentum von Anne und Hans Werner Schürmann. Der Hof ist zu besichtigen.

Der Torturm von Gut Stockhausen wird von einem Glockenaufsatz bekrönt.

Gut Stockhausen

Das Wasserschloss Stockhausen ist von einer geschlossenen Gräfte umgeben. Den malerischen Glockenturm erreicht man über eine alte Bogenbrücke, die hier den Wassergraben überspannt.

Wer den Torbogen durchschreitet, ist beeindruckt von dem uralten Pflasterboden, der aus Feldsteinen zusammengefügt ist.

Gut Stockhausen

Im gepflegten Innenhof von Gut Stockhausen steht noch ein alter Taubenturm, einst Symbol für ein Anwesen mit Gerichtsbarkeit.

So bietet sich das Wasserschloss Stockhausen dem flüchtigen Besucher dar; es ist die „Schokoladenseite" und das am meisten fotografierte Motiv in Stockhausen.

Auch hier gehen Wasser und Gebäude eine äußerst harmonische Verbindung ein.

Gut Renkhausen

Gut Renkhausen

Ein Märchentraum in Lübbecke

Die Geschichte des Rittergutes Renkhausen ist eng mit der frühen Stadtgeschichte von Lübbecke verbunden. Die Burgmannen erbauten sich ihre Sommerresidenz an einem besonders schönen Platz, von dem aus sie vor allem der Jagd nachgehen konnten. Bereits 1254 wurde Renkhausen erstmals urkundlich erwähnt. Es war die Blütezeit der Mindener Fürstbischöfe und ihrer Burgmannen. Zu diesem Zeitpunkt befand sich hier eine Wasserburg, die von einer breiten Gräfte umgeben war.

Carl Rudolf Stille ließ das stattliche Haus Ende des 19. Jahrhunderts im Neo-Renaissance-Stil umbauen. Zu Beginn des 20. Jahrhunderts erwarb die Familie Kämper das Gut. Die Erbin Helma Kämper heiratete Georg Warneke. Die Familie Warneke ist heute noch im Besitz von Gut Renkhausen.

Zum Gut gehören zahlreiche landwirtschaftliche Nebengebäude und Wohnhäuser. Ein ehemaliges Stallgebäude wurde in das bekannte „Café im kleinen Stall" umgebaut. Interessant ist der mit Natursteinen gestaltete Hofbelag, der heute noch original vorhanden ist. Nördlich des Gebäudeensembles erstreckt sich der hundert Jahre alte Landschaftspark, der im Norden vom Mittellandkanal begrenzt wird. Hier dominieren mächtige Solitärbäume wie Buchen – darunter auch schlitzblättrige Buchen –, Platanen, Eichen und Douglasien. Der Rhododendronbestand erreicht beinahe urwaldartige Dimensionen. In der kurzen Blütezeit um Pfingsten verwandeln sich die Büsche in ein beeindruckendes Farbenmeer. Der Park ist nicht öffentlich zugänglich.

Gut Renkhausen in Lübbecke-Gehlenbeck.

Gut Renkhausen

Eine märchenhafte Szenerie im späten Oktober zur Zeit des Sonnenuntergangs.

Diese herrliche Lindenallee führt zum „Café im kleinen Stall".

Das „Café im kleinen Stall".

Gut Renkhausen

Der Landschaftspark von Gut Renkhausen umschließt das Gutsgelände von allen Seiten und gestattet schöne Durchblicke auf die helle Neorenaissance-Fassade.

Der nördlich vom Gutsgelände gelegene Park ist im Frühsommer ein Paradies.

Burgmannshof Lübbecke

Letzter von ehemals elf Burgmannshöfen

Der zweigeschossige Massivbau aus Feldsteinen wurde laut einer Tafel 1735 umgebaut, ist aber wesentlich älter. Er diente den Fürsten und ihren Beamten auf Reisen zur vorübergehenden Hofhaltung. Erhalten geblieben sind das Herrenhaus und Teile der Mauer mit dem Tor. An der Mauer sind vier Tafeln angebracht, sie zeigen die Wappen und Namen ehemaliger Burgherren.

Das neue Erscheinungsbild mit dem ockerfarbigen Anstrich prägt den Burgmannshof und den benachbarten Speicher seit dem Umbau im Jahre 1985. Der bis heute erhaltene Burgmannshof ist der letzte von ehemals elf Burgmannshöfen in Lübbecke. Sie dienten nicht nur zur Hofhaltung, sondern auch als Sammelstellen für Naturalien und Abgaben, die zum Abtransport zur Landesburg Reineberg bestimmt waren. Heute ist hier ein Museum untergebracht, der Speicher bietet Platz für Ausstellungen. Seit 1620 ist der Burgmannshof im Besitz der Familie von der Recke.

Der Eingang zum Burgmannshof.

Der Eingang zum „Ührken", einer Bierkneipe im Hauptgebäude des Burgmannshofs.

Der Burgmannshof in der seit 1985 restaurierten Form.

Von Oeynhausenscher Hof

Gemütlicher Fachwerkhof im Ortskern von Hille

Der von Oeynhausensche Hof wird von alten Leuten noch Voßenhof genannt. Die Familie von Voß als Eigentümerin lässt sich bis 1726 verfolgen. Am stattlichen Fachwerk-Hoftor sind die Namen Johann Ernst Heinrich von Oeynhausen und seiner Frau Susanne, geb. Pohlmann, sowie die Jahreszahl 1699 eingeschnitzt. Über dem Tor und über dem Eingang zum Herrenhaus sieht man die Wappen der Familien von Oeynhausen und Pohlmann. Der Oberst J.E.H. von Pohlmann starb 1722, seine Witwe 1728. Einer seiner Nachfahren, Heinrich von der Heide, verkaufte das Gut 1882 an den in Hille geborenen Amerikaner F.W. Reimler. Die Nachkommen von Reimler sind heute noch die Besitzer des von Oeynhausenschen Hofes.

Über dem Eingang hängen die Wappen derer von Oeynhausen (li.) und Pohlmann. Das Pohlmann'sche Wappen zeigt eine Hand, die einen Ring hält.

Die Hofeinfahrt bildet den einzigen Zugang zum Gelände des von Oeynhausenschen Hofes.

Schloss Ovelgönne

EIN SEHR ALTES SCHLOSS IN BAD OEYNHAUSEN-EIDINGHAUSEN

Das Schloss Ovelgönne ist eines der ältesten Schlösser im Kreis Minden-Lübbecke, was man ihm von außen gar nicht ansieht. Die erste Erwähnung stammt aus Paderborn. In den Annalen des Klosters Abdinghof ist ein Meyerhof schon im Jahr 922 aufgeführt. Rund 200 Jahre danach, exakt 1126, wurde ein „kleines Gut in Edinhusen" mit dem Patronat über die Kirche erwähnt. 1183 bestätigte Papst Lucius III. (1181–1185) dem Paderborner Kloster den Besitz. Durch eine der damals üblichen Tauschaktionen und Verschiebungen kamen Gut und Mühle 1353 an den Bischof Dietrich von Minden. Aufgrund ständiger Finanznot verpfändete Bischof Gerhard das Gut 1362 an den heimischen Adel. Neuer Besitzer war nun Ludolf von Mönnichhusen. Dessen Familie stellte über zwei Jahrhunderte die Herren von Schloss Ovelgönne, 1400 allerdings ging es als Lösegeld an Bernhard von Lippe über. Erst 1426 wurde der Besitz wieder ausgelöst.

Mitglieder der Familie von Reden-Pattensen erbten 1587 das Gut. Fast 150 Jahre blieb Ovelgönne im Besitz dieser Familie, aus der Landdroste und Bischöfe von Minden hervorgingen. Seinen Namen erhielt Ovelgönne 1458 während einer Fehde zwischen den Bischöfen von Minden und Osnabrück. Die letzten Eigentümerinnen der Familie von Schloen, die Damen von Amstenradt, setzten 1733 die katholische Mission in Vlotho als Erben ein. Damit war das Anwesen wieder in kirchlicher Hand.

Wesentliche Veränderungen erfuhr das Gut in seiner langen Geschichte im 18. Jahrhundert. 1738 kaufte Johann Friedrich von Weißenfels Ovelgönne und errichtete 1740 das Schloss in seiner heutigen Gestalt. So ist es auch auf den Tafeln über den Eingangsportalen nachzulesen. In den folgenden Jahren wechselte das Anwesen häufig seinen Besitzer. In der Mitte des 19. Jahrhunderts wurden Schloss und Park barock umgestaltet. Damit war die Periode der baulichen Veränderungen zu Ende. 1882 gelangte der Besitz in bürgerliche Hände und erfuhr gleichzeitig einen wirtschaftlichen Niedergang. Im 20. Jahrhundert verfiel das Schloss. Die Gutsländereien wurden nach und nach verkauft.

1940 erwarb die Gemeinde Eidinghausen das gesamte Anwesen für 55.000 Reichsmark. In den Nachkriegsjahren diente das Haus zur Unterbringung von Flüchtlingen und danach als Altenheim. In den 1960er-Jahren beabsichtigte die Gemeinde, Schloss und restlichen Landbesitz an gewerbliche Investoren zu verkaufen, was nicht zuletzt dank einer Bürgerinitiative, Vorläuferin des „Freundeskreises Wasserschloss Ovelgönne e.V.", verhindert werden konnte. Das Altenheim wurde 1977 geschlossen. 1981 erlebte Schloss Ovelgönne dann wieder eine Blütezeit: Die Stadt Bad Oeynhausen renovierte das Gebäude und baute es zum Bürgerhaus aus. Heute ist das Schloss verpachtet und wird für Festlichkeiten, Konzerte und andere Veranstaltungen genutzt, der Zugang ist frei. Ein Park mit alten Bäumen und die quadratische Gräfte mit ihren Fischen erfreuen den Betrachter.

Schloss Ovelgönne in Bad Oeynhausen-Eidinghausen.

Schloss Ovelgönne

Zu beiden Seiten des symmetrisch angelegten Schlossgebäudes führen Freitreppen vom Parkweg ins Hochparterre hinauf.

Über der stattlichen Tür prangen die Wappenschilder von Johann-Friedrich von Weißenfels.

Kurpark Bad Oeynhausen

„Wenn Kunst sich in Natur verwandelt, so hat Natur mit Kunst gehandelt."
Lessing

Der Kurpark von Bad Oeynhausen ist über 150 Jahre alt und hat bis heute nichts von seiner Faszination verloren. Er ist ca. sechsundzwanzig Hektar groß und fast genau in Nord-Süd-Richtung angelegt. Bemerkenswert ist die Gestaltung des Parks mit seiner interessanten Mischung aus Natur und Architektur. Es gibt viele sehr alte Bäume, die zum Teil noch aus der Zeit vor der Gründung des Parks stammen.

Die besondere Attraktion sind aber die Wasserspiele. Im Zentrum der Parkanlage liegt die große Fontäne. Die bis zu zehn Meter hoch aufsteigende Wassersäule wird flankiert von kleineren, in ihrer Intensität ständig wechselnden Springbrunnen. Star unter den Quellen ist der nach dem Badedirektor Albert Jordan (1865–1934) benannte Jordansprudel. Es handelt sich um eine von 1924 bis 1926 erbohrte Quelle, die aus einer Tiefe von 725 Metern kommt. Diese Thermalsole ist für den Badebetrieb gestimmt. Etwas abseits des Parks, zwischen Kurhaus und Bali-Therme, liegt die nach Jordan benannte Fontäne, sie wird heute mit Pumpendruck und Normalwasser betrieben und erreicht eine Höhe bis zu 50 Meter.

Der Kurpark wurde in den Jahren 1851 bis 1853 unter der Leitung des preußischen Gartenarchitekten Peter Joseph Lenné (1789–1866) angelegt. Er ist eine Glanzleistung der Gartenarchitektur. Besondere Bedeutung kommt den klassischen Bauwerken im Kurpark zu. Im Norden liegt die halbrundförmige Wandelhalle, im Süden das in den Jahren 1905 bis 1908 erbaute monumentale Kurhaus. Es trägt heute den Namen Kaiserpalais und hier befinden sich das bekannte GOP Varieté und der Adiamo-Tanzclub.

Das Kurparkensemble strahlt noch immer den Charme der Bäderarchitektur aus der Zeit um 1900 aus. Das ist nicht zuletzt den Gärtnern und Landschaftspflegern der Stadt zu verdanken, die dafür sorgen, dass sich der Park stets von seiner besten Seite präsentiert und so ein Kleinod unter den Parks im Mühlenkreis bleibt.

Darüber hinaus bietet Bad Oeynhausen drei weitere Parkanlagen: den Park „Siekertal" mit dem Museumshof und der Hofwassermühle am Osterbach, die Teil der „Westfälischen Mühlenstraße" ist, den Sielpark mit dem 1990 aufgebauten Gradierwerk und nicht zuletzt „Aqua Magica", ein zwanzig Hektar großer Landschaftspark mit Wasserkrater und Klettergarten an der Stadtgrenze von Bad Oeynhausen und Löhne.

Die imposante Fontäne mit Blickrichtung Süden auf das Kaiserpalais, das Anfang des 20. Jahrhunderts gebaut wurde.

Kurpark Bad Oeynhausen

Im Rund der Wandelhalle des Kurparks Bad Oeynhausen fühlt man sich ins 19. Jahrhundert zurückversetzt.

Blumenbeete bestimmen das Bild im Kurpark von Bad Oeynhausen. Im Hintergrund sieht man das Kaiserpalais.

Romantik von 1900 mit einem Hauch von Nostalgie im Kurpark von Bad Oeynhausen.

Rittergut Haddenhausen

WASSERSCHLOSS IM STIL DER WESERRENAISSANCE ZWISCHEN BASTAU UND
WIEHENGEBIRGE IN MINDEN-HADDENHAUSEN

Haddenhausen zählt zu den ganz alten Rittergütern im Kreis. Es wird 1033 als „Haddenhusun" zum ersten Mal erwähnt. Diese Bezeichnung umfasste den schmalen Landstrich zwischen der Bastauebene und dem Wiehengebirge, also den heutigen Mindener Ortsteil Haddenhausen. In dieser Zeit gehörte der ganze Grundbesitz um Haddenhausen den Herzögen von Sachsen und den Grafen von Schaumburg. Sie überließen den Besitz dem Bischof Wedekind von Minden und der Mindener Kirche. 1254 wurde dem Bischof von Minden urkundlich die Belehnung bestätigt. Ein Engelbert von Haddenhausen wurde 1310 mit „einem Hause" – nach unserem heutigen Begriff also mit einem Schloss – und später vom Bischof mit einem Hof und drei Kotten belehnt.

Um 1457 befand sich das Rittergut im Besitz der Familie von Münchhausen. 1492 erhielten Borries von Münchhausen und sein Sohn Ludolf die Belehnung auf die Güter zu Haddenhausen. Johann von Münchhausen, Sohn von Ludolf, führte auf katholischer Seite einen Kleinkrieg gegen das inzwischen reformierte Minden. 1530 belagerten die Mindener deshalb das Wasserschloss und eroberten es nach viertägigem Beschuss. Man nahm Johann von Münchhausen und seine drei Söhne gefangen, ließ sie aber wieder ziehen, beladen mit dem, was sie auf einem Wagen mitnehmen konnten. Die Nachfahren derer von Münchhausen waren gegen Ende des 17. Jahrhunderts stark verschuldet und verkauften das Gut 1610 an Johann von dem Bussche-Lohe. Damit begann ein ruhigerer Abschnitt in der Geschichte Haddenhausens. Die Familie ließ in den Jahren 1613 bis 1616 von Baumeister Eberhard Wilkening das Gutsgebäude errichten. Um 1680 war Johann Wilken von dem Bussche brandenburgisch-preußischer Regierungsrat in Minden. Ab 1686 war er Drost zu Hausberge und die Regierungsgeschäfte führten zu einem häufigen Wechsel seines Aufenthaltsortes, bis er 1693 ganz nach Hausberge zog und das Gut verpachtete.

1705 starb Johannes Wilken von dem Bussche in Haddenhausen und wurde in Bergkirchen begraben. Danach übernahm seine Witwe die Verwaltung des Gutes Haddenhausen. Die Geschäfte liefen jedoch nicht gut und 1706 musste sie einer zwei Jahre währenden Zwangsversteigerung zusehen. Käuferin war schließlich die Bussche'sche Familienstiftung des Hünnefelder Stammlegats. Am 22. August 1708 legitimierte die königliche Zuerkennung durch die Regierung in Minden den Kauf.

Das stattliche Haus präsentiert sich heute in gut erhaltenem Zustand als zweiflügeliger Bau mit den typischen Elementen der Renaissance wie Auslucht, Treppenturm und reich verzierter Fassade. Besonders beachtenswert ist die Giebelseite mit den Bartmannsmasken. Eine Parkanlage hat auf Haddenhausen nie bestanden. Das Gut wird heute privat bewohnt und ist nicht öffentlich zugänglich. Führungen für Besuchergruppen bis 20 Personen durch das Außengelände sind nach Voranmeldung möglich.

Rittergut Haddenhausen

Durch den Renaissance-Torbogen hat man einen wundervollen Blick auf das in der Morgensonne liegende Schlossgebäude mit dem charakteristischen achteckigen Treppenturm.

Rittergut Haddenhausen

Blick von der Bastauniederung auf die Nordseite der Wasserburg Haddenhausen.

Von der B 65 kommend, führt die Schlossstraße zur Gräfteninsel vorbei an der Kapelle aus dem 17. Jahrhundert. Hier eine Ansicht von der Gartenseite.

Der Fassadengiebel ist zur Hofseite hin mit Bartmannsmasken verziert.

Rittergut Haddenhausen

Vom Schlosshof mit seinem Rosengarten fällt der Blick durch das offene Renaissance-Tor auf die landwirtschaftlichen Nebengebäude.

Die Landwirtschaft spielt auf Gut Haddenhausen bis heute eine wichtige Rolle.

Rittergut Haddenhausen

Ein Ausluchtvorbau im Renaissancestil mit der Jahreszahl 1616 am Hauptgebäude.

Burgmannshof Hausberge in Porta Westfalica

ALTER VERWALTUNGSSITZ MIT AUSSICHT AUF DAS KAISER-WILHELM-DENKMAL

Die an der Porta Westfalica, einer strategisch wichtigen Stelle, erstmals 1098 erwähnte Schalksburg ist heute nur noch in Resten vorhanden. Es ist ein alter Verwaltungssitz, der im Jahr 1353 Burgleuten als repräsentative Residenz diente. Unter ihnen war Johann Wilken von dem Bussche aus Haddenhausen, der als brandenburgisch-preußischer Regierungsrat in Minden von hier aus 1686 als Drost zu Hausberge seine Geschäfte führte. 1693 zog er ganz nach Hausberge um.

Für die Schalksburg, die ja nie ein fester Wohnsitz für adelige Familien war, sondern nur ein Burgmannshof, setzte sich die Bezeichnung „Haus zum Berge" durch. Daraus ging der Name Hausberge für die mitgewachsene Ortschaft an der Porta Westfalica hervor. Der Ortschaft Hausberge wurden 1720 die Stadtrechte verliehen.

Die Schalksburg wurde in ihrer Geschichte mehrmals umgebaut. Besonders einschneidend war der Abbruch der Schlossanlage im Jahr 1708, sodass nur noch das Torhaus übrig blieb. Das danach in Massivbauweise mit Fachwerkobergeschoss entstandene Hauptgebäude mit der Drostenwohnung wurde immer wieder umgestaltet, zuletzt 1990.

Heute stellt sich der Burgmannshof als ein Komplex von historisierenden Fachwerkgebäuden dar. In den Häusern sind Büroräume eingerichtet, u.a. für eine Krankenkasse, eine Anwaltspraxis und das Standesamt. Der Burgmannshof ist also, ganz im Sinne seiner Tradition, im weiten Sinn immer noch ein Ort der Verwaltung.

Der Burgmannshof heute: Fachwerkgebäude mit Büroräumen und Parkmöglichkeiten.

Rittergut Eisbergen

ALTER ADELSSITZ AM WESERUFER AN DER LANDESGRENZE ZU NIEDERSACHSEN

Das Hauptgebäude des Gutes Eisbergen ist ein imposantes Bauwerk. Es wurde 1912, nachdem das alte Herrenhaus abgebrannt war, mit einem Sandsteinsockel im historischen Stil mit Elementen des um die Jahrhundertwende in Mode gekommenen Jugendstils errichtet. Der von zwei Rundsäulen und quadratischen Eckpfeilern gestützte Altan wird flankiert von lisenenverzierten, vierachsigen Fensterfronten. Ornamente im Art-déco-Stil schmücken die Front und das Eingangsportal.

Vor dem Gebäude befinden sich zwei barocke Frauenskulpturen und eine Vase aus dem Jahr 1783. Eine symmetrisch angelegte Treppe führt hinunter zu einem Freigelände, das heute als Reitplatz genutzt wird. Außerdem stehen zwei stattliche, uralte Buchen vor dem Haus. Sie dominieren das herrschaftliche Bild der Gesamtanlage von der Weserseite her.

Mit der Rückseite zur Straße liegt die in Fachwerkbauweise ausgeführte Orangerie. Zur Hofseite hin hat sie eine große, fünfzehnachsige Fensterfront. Teil des Gesamtensembles ist ein in einem Hügel liegender Eiskeller.

Am Weserufer erstreckt sich der verwilderte Park. Hervorzuheben ist eine uralte Hängebuche mit einem Gesamtdurchmesser von ca. 30 Metern in der Nähe des Hauses. Dieser Baum dürfte einer der interessantesten im Mühlenkreis sein. Seine starken Äste reichen bis zum Boden und stützen das üppige Laubdach. Ein schmaler Fußweg führt unter dem glockenförmigen Baum hindurch.

Das Rittergut Eisbergen zählt zu den alten Adelssitzen im Mühlenkreis. Die erste Erwähnung stammt aus dem Jahr 1396. Ältester Besitzer ist Arnd von Zersen, der 1401 die zum Gut gehörenden Lehen vom Mindener Bischof erhielt. Die Familie von Zersen wird bis etwa 1650 als Eigentümer genannt. Die Witwe des 1649 gestorbenen Heinrich Julius von Zersen heiratete wieder und damit ging das Gut Eisbergen an die Nachfolger über. Diese verkauften es 1747 an den preußischen Geheimrat Paulus Andreas von Schellersheim, der das Gut 1753 zum Fideikommis – einem unteilbaren und unveräußerlichen Familiengut – machte. Die Familie von Schellersheim ist so bis heute Eigentümerin des Ritterguts Eisbergen. Sie betreibt hier eine extensive Land- und Forstwirtschaft. Zum Gut gehört eine bekannte Reitsportanlage, die nach Absprache besichtigt werden kann.

Der Eingang zum Eiskeller, der sich in einem kleinen, mit Sträuchern bewachsenen Erdhügel befindet.

Die Orangerie mit ihren insgesamt fünfzehn Fensterachsen.

Die Orangerie wurde in Fachwerkbauweise errichtet, rechts sieht man die bekannte, mächtige Hängebuche.

Die landwirtschaftlichen Nebengebäude von Gut Eisbergen.

Das Rittergut Eisbergen

Schloss Petershagen

WESERRENAISSANCE AN VERKEHRSWICHTIGEM ORT

Das Schloss Petershagen wurde als Burg und Residenz der Mindener Bischöfe im Jahr 1306 am linken Weserufer unmittelbar nördlich der Einmündung der Ösper errichtet. Bauherr war der Bischof Gottfried von Waldeck, der hier eine Burg an damals verkehrswichtigem Ort erbauen ließ. Das Domkapitel zu Minden berief Söhne adeliger Familien, z.B. aus dem Haus Braunschweig-Lüneburg, als Bischöfe, wodurch das Bistum starke Verbündete bekam. Diese „geistlichen Herren" waren keine Bischöfe im heutigen Sinn, sondern vielmehr Fürsten und Krieger mit allen Privilegien der damaligen Zeit. Dazu gehörte eben auch der Bischofshut.

Der alte Ort Hokleve und die um die Landesburg entstandene Stadt erhielten den Namen Petershagen. Die Bürger der neuen Stadt durften ihren Bürgermeister und die Ratsherren selbst wählen, die Bewohner der umliegenden Dörfer wurden zum Wehrdienst verpflichtet.

Um die Besetzung des Bischofsstuhls wurde Anfang des 15. Jahrhunderts während der Mindener Stadtfehde ein Streit geführt, der 1410 mit einem Kompromiss endete. Die Burg wurde 1519 in der Auseinandersetzung zwischen Franz I. und Johann von Hildesheim stark beschädigt. Unter Franz II. wurde das Schloss dann weiter ausgebaut und vergrößert, denn er war seit 1541 Bischof in Minden, Münster und Osnabrück. Mit dem Machtzuwachs wurde mehr Wert auf Repräsentation gelegt.

Eine Blütezeit erlebte das Schloss Mitte des 16. Jahrhunderts. 1560, in der Zeit des Bischofs Gerhard von Braunschweig-Lüneburg, wurde das sogenannte Neue Haus mit Festsaal und Kirche errichtet. Es ist durch eine Konsole – vormals ein Teil der Festungsmauer – mit dem alten Schloss verbunden. Noch einmal erlebte das Schloss unter dem Statthalter Johann von Sayn-Wittgenstein eine große Hofhaltung. 1650 endet die Zeit der Fürstbischöfe in Petershagen endgültig. Die Schlosskapelle wurde als reformierte Kirche genutzt. 1667 wurde das Schloss als Regierungssitz aufgegeben. Das Gebäude war noch eine Zeitlang Wohnsitz von Regierungsbeamten.

Die Neuzeit begann 1901 mit dem Erwerb des Schlosses durch Heinrich Hestermann. Es befindet sich heute im Besitz dieser Familie. 1967 – 300 Jahre nachdem das Schloss als Regierungssitz aufgegeben wurde – eröffnete hier ein Hotel mit Restaurant, das sich großer Beliebtheit erfreut. Es liegt unmittelbar am Weserradweg und ist Mittelpunkt zahlreicher in nächster Nachbarschaft liegender Mühlen der „Westfälischen Mühlenstraße". Der Kreis Minden-Lübbecke veranstaltet im Festsaal des Neuen Hauses in Kooperation mit dem „Verein der Herrenhäuser und Parks im Mühlenkreis e.V." Kammerkonzerte. Rittermahle sind hier ebenfalls möglich. Auf dem Terrassengelände ist heute ein kleiner Park mit Skulpturen angelegt. Von dem erhöhten Gelände hat man einen schönen Blick über die Weserlandschaft.

Die Westfassade von Schloss Petershagen ist dem Garten zugewandt. ▶

Schloss Petershagen

Schloss Petershagen

Auf der Terrasse der ehemaligen Befestigungsanlage ist heute ein Garten mit Skulpturen angelegt, der zum Hotel gehört. Von hier aus hat man einen schönen Rundblick in Richtung Osten über das ehemalige Furtgelände und die Weserauen.

Das sogenannte Neue Haus wurde um 1560 parallel zum alten Schloss errichtet. Hier kann man heute standesgemäß übernachten, außerdem befinden sich hier eine Kirche und der Festsaal, in dem heute Rittermahle stattfinden.

Am Außentreppenturm ist das Wappen des ehemaligen Fürstbischofs Hermann von Schaumberg angebracht.

Schloss Petershagen

Über der Pforte im Treppenturm befindet sich seit 1546 diese Tafel des Bauherrn Franz II. von Waldeck, Bischof von Münster und Osnabrück. Links oben erkennt man das Selbstbildnis von Jörg Unkair, dem Steinmetz der Weserrenaissance, ein Engel schwebt über seinem Kopf.

Die einladende Toreinfahrt zum Innenhof des Schlosses Petershagen.

Schloss Petershagen

Schloss Petershagen liegt an einer alten Weserfurt, also an einer einst strategisch wichtigen Stelle.

Von der Brücke, die als Teil der Landstraße 770 die Weser überspannt, hat man einen schönen Blick auf das Schloss.

Gut Neuhof

EHEMALIGES HERRENHAUS ÜBER DER WESER IN PETERSHAGEN-HEIMSEN

Das Gut Neuhof liegt auf der rechten Weserseite in einmalig schöner Hanglage über der angestauten Weser. Die Hauptstraße zwischen den Ortschaften Heimsen und Schlüsselburg führt unmittelbar am Gutshof vorbei. Er gehört zu Heimsen, einem der neunundzwanzig Ortsteile der Stadt Petershagen.

Die Gründung des Gutes Neuhof geht zurück auf Erbstreitigkeiten der Familie von Klenke, der damaligen Eigentümer der Schlüsselburg, im Jahr 1599. Im Jahr 1698 erwarb der kurhannoversche Oberamtmann Johann Georg Voigt das Gut. Die barocken Gutsgebäude wurden zu Beginn des 18. Jahrhunderts neu errichtet, das heutige Herrenhaus stammt von 1748. Interessant ist die Anordnung des Gebäudeensembles. Durch das mit stattlichen Säulen bewehrte Haupttor geht man direkt auf das von zwei Nebengebäuden flankierte Haupthaus zu. Eine gedachte Mittelachse führt durch das Gutshaus, über einen leicht abfallenden Gartenweg zum schönen achteckigen Pavillon. Nimmt man Landkarte und Lineal zur Hand, kann man feststellen, dass diese Linie über die Weser hinweg gerade auf die Schlüsselburg zu führt. Das ganze Gutsgelände ist von einer hohen Bruchsteinmauer umgeben.

Zusammen mit den Gebäuden wurde ein barocker Garten in streng geometrischen Formen angelegt. Er wurde seit seiner Entstehung bis heute nicht wesentlich verändert, präsentiert sich allerdings sehr naturbelassen, was der unmittelbaren Umgebung des Schlosses ein etwas wildromantisches Aussehen gibt.

Gut Neuhof ist Privateigentum. Es wird heute im Rahmen der Eingliederungshilfe als vollstationäre Wohneinrichtung genutzt. Die Anlage ist deshalb auch nur eingeschränkt öffentlich zugänglich.

Der Haupteingang zum Gut Neuhof liegt unmittelbar an der der Hauptstraße, auf halbem Weg zwischen der Ortschaft Heimsen und dem Rittergut Schlüsselburg.

Der achteckige Pavillon im Garten auf der Weserseite. Von hier hat man einen schönen Blick über den angestauten Fluss.

Gut Neuhof

Das stattliche Hauptgebäude von Gut Neuhof.

Gut Neuhof

Hofansicht von Gut Neuhof mit Gartenanlagen und Nebengebäuden.

Blick von der Weser auf Gut Neuhof.

Gut Neuhof

Gut Neuhof mit seinen Nebengebäuden aus Richtung Heimsen gesehen.

Burg Schlüsselburg

EHEMALIGE FÜRSTBISCHÖFLICHE GRENZBURG IN PETERSHAGEN-SCHLÜSSELBURG

Die Schlüsselburg hat eine sehr wechselvolle Geschichte. Sie beginnt in der Zeit der geistlichen Landesherren, ihnen folgte der aufgeklärte Adel nach preußischem Muster, danach war sie im Besitz der öffentlichen Hand und heute ist sie in Privatbesitz.

Gegründet 1335 von Bischof Ludwig von Minden, ist sie benannt nach den Schlüsseln im Wappen des Fürstbischofs. Die Schlüssel sind – wie auch auf dem päpstlichen Wappen – das Symbol geistlicher Macht. Die geografische Lage war aus strategischen Gründen so gewählt, dass die Burg zur Absicherung des Bistums gegen die Grafen von Hoya dienen sollte.

Das Fürstbistum Minden gliederte sich in fünf landesherrliche Ämter, deren Verwaltungsmittelpunkte die fünf Landesburgen Schlüsselburg, Petershagen, Hausberge, Rahden und Reineberg waren. Die bischöfliche Kanzlei als zentrale Verwaltung befand sich von Beginn an, also seit Anfang des 14. Jahrhunderts, in Petershagen. Die bischöfliche Residenz als Repräsentanz der Macht befand sich immer im Schloss Petershagen, nie in Schlüsselburg.

Wegen der permanenten Finanznot der bischöflichen Landesherren wurde die Schlüsselburg an heimische Adelsfamilien verpfändet. Burginhaber wurden unter anderen die Familien von Münchhausen und von Klencke. Im 15. Jahrhundert nahm die militärische Bedeutung der Burg immer weiter ab.

Nach dem Ende des Dreißigjährigen Krieges hielt die bürgerliche Verwaltung Einzug in Schlüsselburg, die Burg wurde zum Amtshaus des neuen Amtes Schlüsselburg. 1822 kaufte Dr. Johann Georg von Möller die Staatsdomäne. Seine Nachkommen errichteten auf der rechten Seite der Weser das Rittergut Schlüsselburg. 1846 verkauften sie die Burg für 2.070 Taler an die Gemeinde Schlüsselburg. Bis 1934 diente die Burg als Sitz der Amtsverwaltung und bis 1961 war hier die Schule zu Hause. 1971 erwarb die Familie Swoboda das Hauptgebäude der Burg und setzte es in den Folgejahren gründlich instand.

Burg Schlüsselburg

Das Wappen des Fürstbischofs am Tor zur Schlüsselburg.

Von der alten Burganlage sind nur das Haupthaus und die Toreinfahrt erhalten geblieben.

Burg Schlüsselburg

Das Haupthaus der Schlüsselburg. Diese Ansicht macht deutlich, was von der ursprünglichen Grenzburg erhalten geblieben ist. Die Blickrichtung ist ähnlich wie auf der Zeichnung von B.-W. Linnemeier unten auf dieser Seite. Die gesamte Burganlage war ursprünglich von einer Gräfte umgeben, wie ebenfalls zu erkennen ist.

Das Amtshaus Schlüsselburg im 17. Jahrhundert, Gesamtansicht von Norden. Das Haupthaus ist links zu sehen. (Rekonstruktion: B.-W. Linnemeier, nach der Baubeschreibung von 1670/98)

Burg Schlüsselburg

Die Schlüsselburg, umrahmt von herbstlich eingefärbten Bäumen, liegt in ländlicher Umgebung fast verträumt am Weserufer.

Das stattliche Renaissancegebäude von der Gartenseite aus gesehen. Letzte Rosen und ein üppig tragender Birnbaum rahmen den Giebel ein.

Burg Schlüsselburg

Der hohe First der Schlüsselburg ist ein alter Storchennistplatz. In den letzten Jahrzehnten hat hier immer ein Storchenpaar gebrütet. Ganz ungefährlich ist ein solch exponierter Platz allerdings nicht. Blitzschlag hat hier schon öfter das Brutgeschäft der Störche zunichte gemacht. Die Hausherrin weiß zu berichten, dass zwei Tiere dabei ihr Leben lassen mussten. Ihr Federkleid war völlig abgesengt. 2009 erblickten hier drei Jungstörche das Licht der Welt. Leider kamen sie über die Nistzeit nicht hinaus, weil widrige Umwelteinflüsse ihrem kurzen Leben ein Ende machten.

Burg Schlüsselburg

DANKSAGUNG

Das Fotografieren von Privathäusern ist nicht ohne Erlaubnis gestattet. Der private Bereich von Häusern, an denen die Öffentlichkeit ein Interesse hat, bildet keine Ausnahme. Meinen besonderen Dank möchte ich daher allen Eignern von Herrensitzen aussprechen, die mich bei meinen Aufnahmen freundlich unterstützt und Zugang zu ihren Anlagen gewährt haben.

Anders ist es mit dem Text: Ohne Recherche in der vorhandenen Literatur kann man nicht zu brauchbaren Informationen kommen. Ein herzliches Dankeschön geht darum an Freiherrn Berthold von der Horst von Eichel Streiber, der mir mit dem vortrefflichen Buch seines Großvaters Karl Adolf von der Horst „Die Rittersitze der Grafschaft Ravensberg und des Fürstentums Minden" einen unschätzbaren Dienst erwiesen hat. Dank gebührt Freiherrn Berthold auch für das gemeinsame Arbeiten an den Texten zu den Themen Ellerburg und Hollwinkel.

Darüber hinaus möchte ich Lothar Wessels für das Buch „Handbuch der Deutschen Kunstdenkmäler" (NRW) von Georg Dehio danken. Seinem Buch „Schloß Hüffe – Ein ostwestfälischer Herrensitz" entnahm ich manchen Tipp zu meinem Text über Hüffe. Seiner stets lehrreichen und unterhaltsamen Konversation über Themen zur einheimischen Geschichte verdanke ich einige Hinweise.

Dank ebenso an Ellen Swoboda für das Buch „Flecken und Kirchspiel Schlüsselburg" von B.W. Linnemeier. Dieser Lektüre verdanke ich manchen Hinweis zu den Themen Schlüsselburg und Gut Neuhof.

Für Durchsicht und Anregung zu den Texten gilt mein Dank Frfr. Elisabeth und Frh. F.W. von der Recke (Gut Obernfelde), Frh. Carl Maria Spiegel v.u.z. Peckelsheim (Gr. Engershausen), Georg Warneke (Renkhausen), Frh. von Schellersheim (Eisbergen), Frau Schwenker (Haddenhausen), Werner Hundt (Kreisverwaltung Minden-Lübbecke), Klaus Hestermann (Schloss Petershagen), Peter Dürr (Benkhausen), Heiner Brockhagen (Ellerburg), Horst Brönstrup, Rico Quaschny (Kurpark Oeynhausen), Heiner Brandt (Ovelgönne), Magdalene Kottenbrink (Rahden) und Christian Streich (Bad Holzhausen).

Detlef Braun und Klaus Peter Boas standen mir in allen Fragen der Computertechnik beratend zur Seite.

Last not least danke ich meiner Frau Hildegard, die stets einen ersten kritischen Blick auf Bilder und Texte warf.

Winfried Hedrich
im Herbst 2009

INDEX

Amstenradt v. 87
  Auslucht 100
  Aqua Magica 91, 101
Bad Oeynhausen 91
  Bäderarchitektur 91
  Bastau 95
  Benkhausen 61
  Buche, Schlitzblättrige 61
  Burgmannshof Lübbecke 84-85
  Hausberge 115
  Lübbecke 84
  Burgruine Rahden 67
  Bussche v.d. 58, 61, 95
Café im kleinen Stall 82
  Crollage 16
Eisbergen 102
  Eiskeller 102
  Ellerburg 58
  Espelkamp 58, 61
Fiestel 58, 61
  Fontäne 92
Gehle 44
  Gräfte 8, 22, 29, 44, 73, 76, 106, 108
  Groß-Engershausen 24
Haddenhausen 95
  Haldem 13
  Hängebuche 103
  Hausberge 101
  Heimsen 114
  Hestermann 106
  Hille 86
  Hollwinkel 30
  Holzhausen 40
  Horst, v.d. 13, 30
  Hüffe 44

Jungkenn F.C.A. v. 44
Kämper 79
  Kl. Engershausen 22
  Kottenbrink 65
  Krukenmeyer H.F.W. 44
  Kurpark Bad Oeynhausen 91
Ledebur, Familie 16
  Lenné, Peter Joseph 91
  Limberg 56
  Lindenallee 82
  Lübbecke 84
Mausoleum 29
  Minden, Bischof von 95, 106
  Ministerhaus 68, 73
  Mühlenkreis, Landkarte 10-11
  Münchhausen, v. 95
  Museumshof Rahden 65
  Museumshof Bad Oeynhausen 91
Neuhof, Gut 114
Obernfelde, Gut 68
  Oeynhausen, Kurpark 91
  Oeynhausensches Gut 86
  Orangerie 72, 103
  Osterbach 91
  Ovelgönne 87
Pavillon 115
  Petershagen 106
  Preußisch Oldendorf 16, 22, 24, 30, 40, 44, 56
Rafflenbeul 16
  Rahden, Burgruine 67
  Rahden, Museumshof 65
  Rahden, Schloss 66
  Reitsport 102
  Recke, v.d. 68, 74, 84

Renkhausen 79
Ripperda v. 58
Rittergut Eisbergen 102
Rittergut Groß-Engershausen 24
Ry du, S. 24, 44
Sayn-Wittgenstein 106
Schellersheim, von 102
Schloen v. 24, 44, 87
Schlüsselburg 120
Siekertal 91
Sielpark 91
Spiegel v.u.z. Peckelsheim 24
Stille, C.R. 79
Schürmann, H.W. 74
Storchennest 124
Schwerin v. 44
Swoboda 120
Thermalsolequelle 91
Unkair, J. 111
Vely Jungkern v. 44
Vittinghoff v. E. 44
Voß v. 86
Voigt J.G. 114
Waldeck 106
Warneke 79
Wassermühle 91
Wedekind 95
Weißenfels, J.F. 87
Weserrenaissance 95, 106
Wilkening, D. 95

Buchhinweise

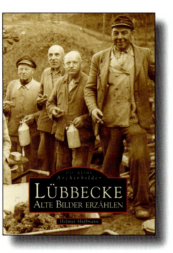

Lübbecke. Alte Bilder erzählen

Helmut Hüffmann

978-3-89702-143-3
16,90 € [D]

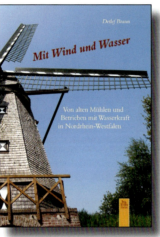

Mit Wind und Wasser.
Von alten Mühlen und Betrieben mit Wasserkraft in **Nordrhein-Westfalen**

Detlef Braun

978-3-86680-533-0
19,90 € [D]

Als die römischen Adler sanken
Arminius, Marbod und die Legionen des Varus

Walter Böckmann

ISBN 978-3-86680-129-5
15,90 € [D]

Weitere Bücher finden Sie unter: www.suttonverlag.de